1882 — Mars 12

AF356700

CATALOGUE

DES

TABLEAUX

PAR

PLASSAN

Ve RENOU, MAULDE et COCK

IMPRIMEURS DE LA COMPAGNIE DES COMMISSAIRES-PRISEURS

Rue de Rivoli, 144

CATALOGUE

DES

TABLEAUX

PAR

PLASSAN

DONT LA VENTE AURA LIEU

HOTEL DROUOT, SALLE N° 8

Le Vendredi 17 Mars 1882

A DEUX HEURES ET DEMIE PRÉCISES

M° Henri LECHAT	M. Georges PETIT
COMMIS^{re}-PRISEUR	EXPERT
rue Baudin, 6 (square Montholon)	rue Saint-Georges, n° 7

CHEZ LESQUELS SE TROUVE LE CATALOGUE

EXPOSITIONS

PARTICULIÈRE	PUBLIQUE
Le Mercredi 15 Mars 1882	Le Jeudi 16 Mars 1882

DE UNE HEURE A CINQ HEURES

—

PARIS — 1882

CONDITIONS DE LA VENTE

Elle sera faite au comptant.

Les Acquéreurs paieront CINQ POUR CENT, en sus des adjudications, applicables aux frais.

DÉSIGNATION

DES

TABLEAUX

PLASSAN

1 — La Joie de la famille.

H. 45 c. L. 55 c.

2 — Le Lever.

H. 41 c. L. 33 c.

3 — Châtelaine.

H. 46 c. L. 37 c.

PLASSAN

4 — La Harpe.

H. 60 c. L. 47 c.

5 — Admiration paternelle.

H. 27 c. L. 21 c.

6 — En famille.

H. 17 c. L. 12 c.

7 — Sortie de bain.

H. 11 c. L. 14 c.

8 — Sollicitude maternelle.

H. 30 c. L. 22 c.

PLASSAN

9 — Le Modèle endormi.

H. 15 c. L. 21 c

10 — Farniente.

H. 40 c. L. 32 c.

11 — Le Buis bénit.

H. 12 c. L. 08 c.

12 — Le Repos.

H. 13 c. L. 10 c.

13 — Repliée sur elle-même.

H. 07 c. L. 06 c.

PLASSAN

14 — Marquise.

H. 32 c. L. 24 c.

15 — La Lettre.

H. 32 c. L. 24 c.

16 — Modestie.

H. 32 c. L. 24 c.

17 — Dormeuse.

H. 24 c. L. 32 c.

18 — Penserosa.

H. 32 c. L. 24 c.

PLASSAN

19 — Candeur.

H 32 c. L. 24 c.

20 — Saïda avant le bain.

H. 32 c. L. 24 c.

21 — Réflexion.

H. 32 c. L 24 c.

22 — Dans sa chambre.

H. 08 c. L. 07 c.

23 — Une Blonde.

H. 55 c. L. 45 c.

PLASSAN

24 — Une italienne.

H. 32 c. L. 24 c.

25 — Viennoise.

H. 32 c. L. 24 c.

26 — Village au bas des coteaux de Bellevue.

H. 22 c. L. 33 c.

27 — Coteaux de Saint-Cloud.

H. 19 c. L. 33 c.

28 — Fabriques aux Moulinaux.

H. 22 c. L. 33 c.

PLASSAN

29 — Bas-Meudon.

H. 22 c. L. 33 c.

30 — Aux bords de la Seine.

H. 22 c. L. 33 c.

31 — Village de Joinville-le-Pont.

H. 13 c. L. 19 c.

32 — Un Moulin sur la Marne.

H. 22 c. L. 33 c.

33 — Quai du Bas-Meudon.

H. 22 c. L. 33 c.

PLASSAN

34 — Carrière abandonnée.

H. 20 c. L. 33 c.

35 — Guinguettes sur la Marne.

H. 13 c. L. 19 c.

36 — Pont de Champigny.

H. 13 c. L. 19 c.

37 — Un Matin.

H. 22 c. L. 33 c.

38 — Coteaux de Petit-Bry.

H. 13 c. L. 19 c.

PLASSAN

39 — Le barrage de Port-Créteil.

H. 21 c. L. 33 c.

40 — Un faubourg à Chinon.

H. 22 c. L. 33 c.

41 — Bateau de blanchisseuses à Joinville.

H. 13 c. L. 19 c.

42 — Un Moulin sur la Sèvre.

H. 13 c. L. 19 c.

43 — A La Varenne.

H. 22 c. L. 33 c.

PLASSAN

44 — A Joinville.

H. 22 c. L. 33 c.

45 — Le Barrage.

H. 21 c. L. 33 c.

46 — Bords de la Marne.

H. 17 c. L. 28 c.

V⁰ Renou, Maulde et Cock, imprⁱ de la Compagnie des Commissaires-Priseurs, rue de Rivoli, 144.   25817

www.ingramcontent.com/pod-product-compliance
Lightning Source LLC
LaVergne TN
LVHW010906180726
843502LV00010B/3989